Erstellung einer Trainingsplanung für das Beweglichkeits- und Koordinationstraining

Dominik Giese

Bibliografische Information der Deutschen Nationalbibliothek:

Die Deutsche Nationalbibliothek verzeichnet diese Publikation in der Deutschen Nationalbibliografie; detaillierte bibliografische Daten sind im Internet über http://dnb.d-nb.de abrufbar.

ISBN: 9783346626837
Dieses Buch ist auch als E-Book erhältlich.

© GRIN Publishing GmbH
Nymphenburger Straße 86
80636 München

Druck und Bindung: Books on Demand GmbH, Norderstedt Germany
Gedruckt auf säurefreiem Papier aus verantwortungsvollen Quellen

Das vorliegende Werk wurde sorgfältig erarbeitet. Dennoch übernehmen Autoren und Verlag für die Richtigkeit von Angaben, Hinweisen, Links und Ratschlägen sowie eventuelle Druckfehler keine Haftung.

Das Buch bei GRIN: https://www.grin.com/document/1185734

Deutsche Hochschule für
Prävention und Gesundheitsmanagement
Hermann-Neuberger-Sportschule 3
66123 Saarbrücken

Hausarbeit

Studiengang	Bachelor of Arts Fitnessökonomie
Studienmodul	Trainingslehre III
Datum Präsenzphase (siehe Ergebnisdokumentation)	07.02.2022 – 09.02.2022
Aufgabe	Erstellung einer Trainingsplanung für das Beweglich-keits- und Koordinationstraining

Inhaltsverzeichnis

1 Personendaten

In der folgenden Tabelle sind die ersten Informationen über den Kunden erkennbar.

Tab. 1: Personendaten

Parameter	Daten	Bewertung
Alter	50 Jahre	
Geschlecht	Männlich	
Körpergröße	180 cm	
Körpergewicht	90 kg	BMI = 27,8kg/m^2 Einordnung der WHO: Übergewicht. Proband ist aufgrund gut ausgeprägter Muskelmasse und einem Körperfettanteils von 19% eher als Normal einzustufen mit Tendenz zum Übergewicht.
Körperfettanteil	19% (gemessen durch Bioelektrische Impedanz Analyse)	Oberer Normalbereich
Trainingsmotive	1. Schmerzreduktion im LWS Bereich durch Verbesserung der Beweglichkeit der Ischiocrural Muskulatur, M. gluteus maximus, M. Iliopsoas, M. erector spinae und M. rectus abdominis. 2. Schmerzreduktion im Schulter-/Nacken Bereich durch Verbesserung der Beweglichkeit im M. pectoralis major	Durch die sitzende Tätigkeit kommt es zu einer Dysbalance in der Ischiocruralen Muskulatur (bestehend aus M. biceps femoris, M. semitendinosus und M. semimembranosus), M. gluteus maximus. Zusätzlich ist durch die ständige Protraktion im Schultergürtel, sowie Anteversion im Schultergelenk der M. pectoralis major in seiner Beweglichkeit eingeschränkt.
Berufliche Tätigkeit	Geschäftsführer in einem Unternehmen.	8-10 Stunden sitzende Tätigkeit am Schreibtisch
Sportliche Aktivität	Früher: 2x Woche Fußball und Tennis Aktuell: 1x Woche Golf + 1x Woche Spaziergang (Dauer: 1-2 Stunden)	Leicht einseitige muskuläre Belastung durch das wöchentliche Golf spielen.
Zeitlicher Verfügungszeitrahmen	3 x Woche	
Allgemeiner Gesundheitszustand	Keine orthopädischen und internistischen Probleme	Gesund und voll belastbar

2   Beweglichkeitstestung

Zur Überprüfung von Beweglichkeitsdefiziten wird ein verkürzter Muskelfunktionstest nach Janda (2000) durchgeführt. Dieser ist Voraussetzung für die Erstellung des Beweglichkeitstrainings. Um eine nahezu objektive Beweglichkeitsmessung zu erhalten, sollte sie von einem erfahrenen Trainer durchgeführt werden. (vgl. Eifler, 2016, S.49)

Tab. 2: Beweglichkeitstestung

Muskulatur	Testdurchführung	Normwerte und Testergebnis
M. pectoralis major	Der Kunde legt sich mit dem Rücken auf eine Behandlungsliege und stellt seine Beine angewinkelt auf (Füße haben Kontakt mit der Lege), um das Becken bestmöglich zu fixieren. Der Tester fixiert mit seiner Hand den Thorax des Kunden. Das Schultergelenk des getesteten Arms ist abduziert und in einer Außenrotation. Das Ellenbogengelenk ist zusätzlich 90° gebeugt. Der Messbereich ist die Position des Oberarms zur Horizontalen. Zusätzlich sollte die Anweisung „Bauch anspannen" für die Stabilisierung des LWS-Bereichs erfolgen.	Stufe 0: Keine Beweglichkeitsdefizite; Oberarm erreicht die Horizontale; durch leichten Druck des Testers kann Oberarm unter die Horizontale bewegt werden. Stufe 1: Leichte Beweglichkeitsdefizite; Oberarm erreicht die Horizontale nicht; durch leichten Druck des Testers kann Oberarm bis zur Horizontale bewegt werden. Stufe 2: Deutliche Beweglichkeitsdefizite; Oberarm erreicht Horizontale auch durch Druck des Testes nicht. Testergebnisse: Linker Arm: Stufe 1 Rechter Arm: Stufe 1
M. Iliopsoas	Der Kunde legt sich mit dem Rücken an das Ende einer Behandlungsliege (Gesäß am Rand der Liege). Beide Beine hängen über, bis der Kunde beide Hände an sein Knie legt und sein Bein maximal an seinen Körper heranzieht. Dabei kann der Trainer unterstützen. Das andere Bein bleibt weiterhin im Überhang, sodass der Tester die Hüftflexion des freien Beins beobachten kann. Für den Messbereich ist das Verhältnis zwischen Position des Oberschenkels ´zur Körperlängsachse bzw. dem Hüftbeugewinkel ausschlaggebend. Eine Fixierung des Beckens und der Lendenwirbelsäule ist für ein genaues Testergebnis erforderlich.	Stufe 0: Keine Beweglichkeitsdefizite; Oberschenkel erreicht Horizontale; durch leichten Druck des Testers kann Oberschenkel unter Horizontale bewegt werden. Stufe 1: Leichte Beweglichkeitsdefizite; leichte Hüftbeugestellung; durch leichten Druck des Testers kann Oberschenkel bis zur Horizontale bewegt werden. Stufe 2: Deutliche Beweglichkeitsdefizite; Oberschenkel erreicht Horizontale auch durch Druck des Testers nicht. Testergebnisse: Linkes Bein: Stufe 1 Rechtes Bein: Stufe 2

M. rectus femoris	Der Kunde legt sich mit dem Rücken an das Ende einer Behandlungsliege (Gesäß am Rand der Liege). Beide Beine hängen über, bis der Kunde beide Hände an sein Knie legt und sein Bein maximal an seinen Körper heranzieht. (Vgl. Testung M. iliopsoas) Der Trainer fixiert das Gegenbein nun im größtmöglichen Hüftflexionswinkel und drückt das Knie in eine maximale Flexion. Der Kniebeugewinkel (Winkel zwischen Ober- und Unterschenkel) wird als Messbereich definiert. Eine Fixierung des Beckens und der Lendenwirbelsäule ist für ein genaues Testergebnis erforderlich. Zusätzlich darf keine Behinderung der maximalen Bewegungsamplitude durch die Behandlungsliege erfolgen.	Stufe 0: Keine Beweglichkeitsdefizite; Unterschenkel hängt senkrecht herab; durch leichten Druck des Testers ist es möglich, die Kniebeugung zu vergrößern. Stufe 1: Leichte Beweglichkeitsdefizite; Unterschenkel ist leicht nach vorne gestreckt; durch leichten Druck des Testers ist es möglich, einen 90° Kniebeugewinkel zu erreichen. Stufe 2: Deutliche Beweglichkeitsdefizite; Unterschenkel ist deutlich nach vorne gestreckt; auch durch Druck des Testers wird 90° Kniebeugewinkel nicht erreicht. Testergebnisse: Linkes Bein: Stufe 0 Rechtes Bein: Stufe 0
Mm. Ischiocrurales	Der Kunde legt sich mit dem Rücken auf eine Behandlungsliege. Das nicht getestete Bein stellt der Kunde auf die Liege auf. (Flexion im Hüft- und Kniegelenk) Der Tester bewegt langsam das getestete Bein, mit einer Extension im Kniegelenk, in die maximale Hüftflexion. Wichtig hier zu beachten ist, dass die Patella kein Fixierpunkt vom Trainer ist. Der Hüftbeugewinkel (Winkel zwischen Beinachse und Longitudinalachse) wird als Messbereich definiert. Eine Fixierung des Beckens und der Lendenwirbelsäule ist für ein genaues Testergebnis erforderlich. Zusätzlich muss das getestete Bein dauerhaft gestreckt sein, sowie das Gegenbein in der Ausgangsposition bleiben.	Stufe 0: Keine Beweglichkeitsdefizite; die Flexion im Hüftgelenk ist im Ausmaß von 90° möglich. Stufe 1: Leichte Beweglichkeitsdefizite; die Flexion im Hüftgelenk ist bis zwischen 80-90° möglich. Stufe 2: Deutliche Beweglichkeitsdefizite; die Flexion im Hüftgelenk ist nur unter 80° möglich. Testergebnisse: Linkes Bein: Stufe 1 Rechtes Bein: Stufe 1
Mm. Triceps surae	Der Kunde legt sich mit dem Rücken auf eine Behandlungsliege. Das Gegenbein ist gebeugt und steht mit dem Fuß auf der Auflage. Das getestete Bein ist gestreckt, sodass die Hälfte des Unterschenkels über die Liege hinausragt. Der Trainer umfasst mit der einen Hand distal am Fersenbein und mit der anderen die Fußaußenkante. Es wird ein Zug auf das Fersenbein ausgeübt und wird distal gezogen. Der Vorderfuß wird mit Hilfe des Daumens der 2. Hand zum Schienbein geführt und somit	Stufe 0: Keine Beweglichkeitsdefizite; eine Dorsalextension ist mindestens bis zur 0°-Stellung möglich (90° zwischen Fuß und Unterschenkel). Stufe 1: Leichte Beweglichkeitsdefizite; die 0°-Stellung wird nicht erreicht; eine Dorsalextension ist aber möglich. Stufe 2:

	eine maximale Dorsalextension ausgeübt. Soll bei der Testung speziell der M. soleus beachtet werden, so wird nach der maximalen Dorsalextension eine Knieflexion durchgeführt und somit nochmal die Bewegungsamplitude erweitert werden. So ist eine Differenzierung nach M. gastrocnemius und M. soleus möglich. Zu beachten für den Trainer ist der richtige Druckpunkt. Dieser sollte am äußeren Fuß Rand liegen, um eine reflektorische Anspannung im M. triceps surae zu verhindern. Zusätzlich sollte auf einen ausreichend großen Zug der Ferse geachtet werden.	Deutliche Beweglichkeitsdefizite; eine Dorsalextension ist nur bis 10° unterhalb der 0°-Stellung möglich. Testergebnisse: Linkes Bein: Stufe 0 Rechtes Bein: Stufe 0

2.1 Bewertung der Testergebnisse

Der Kunde zeigt eine gute Beweglichkeit in der Wadenmuskulatur und in der Kniestreckermuskulatur (speziell M. rectus femoris). Die leichten Beweglichkeitsdefizite in der Brustmuskulatur (M.pectoralis major) können der Grund für seine Nackenschmerzen sein. Zusätzlich kann die Ursache der Rückenschmerzen im LWS Bereich an den Beweglichkeitsdefiziten in der Ischiocruralen Muskulatur (bestehend aus M. biceps femoris, M. semitendinosus und M. semimembranosus) und im M. iliopsoas liegen. Die Dysbalance im M. iliopsoas kommt sehr wahrscheinlich durch die einseitige Belastung während des Golfens.
Zusammengefasst kann man sagen, dass die Beweglichkeit des Kunden bis auf einige Ausnahmen (z.B. M. iliopsoas - rechtes Bein) nur leichte Defizite aufzeigt und somit keine weiteren Auffälligkeiten ersichtlich sind.

3 Trainingsplanung Beweglichkeitstraining

In der folgenden Tabelle wird der Trainingsplan und das Belastungsgefüge das Beweglichkeitstraining dargestellt. Nach jedem Satz ist die Seite, wenn möglich, zu wechseln.

Tab. 3: Trainingsplan Beweglichkeitstraining

Nummer	Zielmuskulatur	Dehnmethode	Beschreibung
1.	M. pectoralis major	Aktiv-Dynamisch.	Der Kunde steht aufrecht und abduziert beide Schultern auf 90°, übt eine 90° Flexion im Ellenbogengelenk und eine Supination im Handgelenk aus, um so in eine Außenrotation zu gelangen. Der Kunde führt eine Kontraktion in der antagonistischen Muskulatur (M. trapezius, M. rhomboideus major, M. rhomboideus minor, M.latissmus dorsi) aus,

			solange bis die Dehngrenze im M. pectoralis major erreicht ist. Dies führt er durch dynamische Bewegungen im Schultergürtel aus, um die Bewegungsamplitude zu vergrößern.
2.	M. pectoralis major	Passiv-Statisch	Der Kunde steht aufrecht, in Schrittstellung parallel zu einer Wand. Er abduziert die Schulter (zur Wand) auf 90°, übt eine 90° Flexion im Ellenbogengelenk und eine Supination im Handgelenk aus, um so in eine Außenrotation zu gelangen. Er legt den Unterarm, der abduzierten Schulter, senkrecht gegen eine Wand und dreht sich im Oberkörper und Kopf weg von der Wand. Dies tut er so weit, bis die Dehngrenze erreicht ist.
3.	M. trapezius	Aktiv & Passiv - Statisch	Der Kunde steht aufrecht, beide Arme hängen locker links und rechts am Körper. Er neigt seinen Kopf langsam auf die rechte Schulter, sodass ein Dehnzreiz auf der linken Halsseite und im oberen Anteil des Trapezes (M. trapepezius pars descendens) spürbar ist. Um den Dehnreiz bis zur Dehngrenze zu erhöhen, drückt der Kunde seine linke Hand mit der Handfläche nach unten. Zusätzlich greift der Kunde mit seiner rechten Hand über seinen Kopf an sein linkes Ohr und kann so durch einen leichten Zug den Dehnreiz noch vergrößern. Nach 45 Sekunden wechselt der Kunde die Seite.
4.	M. latissimus dorsi + M. erector spinae	Passiv-Statisch	Der Kunde kniet sich auf eine Matte, das Gesäß wird in Richtung der Fersen geschoben. Zusätzlich lehnt er den Oberkörper nach vorne, sodass das Gesicht zum Boden zeigt und den Kopf bei guter Beweglichkeit sogar ablegen kann. Seine Arme streckt der nach vorne aus und, sodass die Dehngrenze im M. latissimus dorsi und im M. erector spinae
5.	M. gluteus maximus	Passiv-Statisch	Der Kunde liegt in Rückenlage auf einer Matte. Ein Bein übt eine Flexion im Kniegelenk aus und wird auf den Boden gestellt (Stützbein). Das andere Bein übt eine Außenrotation in der Hüfte aus und wird mit dem Unterschenkel an der Oberschenkelvorderseite des Stützbeins positioniert. Um in die Dehnposition zu kommen, umschließt der Kunde die Oberschenkelrückseite des Stützbeins mit beiden Händen und zieht

			dieses zum Oberkörper heran. Der Unterschenkel des Stützbeins bleibt locker hängen.
6.	M. illiopsoas	Aktiv - Statisch	Der Kunde begibt sich in die Ausfallschrittposition. Dafür stellt er zuerst sein linkes Bein nach vorne, sodass das Schienbein senkrecht zum Boden steht. Das rechte Bein ist nach hinten aufgestellt. Um den Faktor Gleichgewicht und Kraft auszuschließen, darf das rechte Knie am Boden abgesetzt werden. Nun schiebt der Kunde aktiv die Hüfte nach vorne und spannt die Gesäßmuskulatur an (M. gluteus maximus). Der Oberkörper bleibt während des gesamten Satzes aufrecht. Der Kunde wechselt nach jedem Satz die Seite.
7.	M. illiopsoas + M. quadriceps femoris	Passiv-Statisch	Der Kunde liegt in Seitenlage auf einer Matte. Der Arm in Bodennähe wird in Verlängerung des Oberkörpers ausgestreckt und der Kopf auf diesem abgelegt. Der Kunde übt eine Knieflexion im oben liegenden Bein aus und umfasst mit dem obenliegenden Arm den Unterschenkel (leicht oberhalb vom Sprunggelenk). Nun wird die Ferse maximal zum Gesäß gezogen. So wird der M. quadriceps femoris gedehnt. Um nun den M. illiopsoas zusätzlich zu dehnen, soll der Kunde seine Hüfte aktiv nach vorne schieben, um in eine Hüftextension zu kommen. Während der Übung sollten beide Oberschenkel parallel zueinander und zum Boden sein.
8.	Ischiocrurale Muskulatur, bestehend aus: M. biceps femoris, M. semitendinosus M. semimembranosus	Passiv - postisometrisch	Der Kunde liegt mit dem Rücken auf einer Matte. Ein Bein liegt ausgestreckt auf dem Boden, die Zehen zur Decke. Das andere Bein wird zuallererst in eine leichte Dehnposition gebracht und anschließend startet es mit einer zehn sekündigen Anspannungsphase. Dafür legt der Kunde seinen Fuß des zu dehnenden Beins auf einen Kasten und probiert seinen Fuß in den Kasten drücken zu wollen, um so seine Ischiocrurale Muskulatur anzuspannen. Nach der zehn sekündigen Anspannungsphase entspannt der Kunde seine Ischiocrurale Muskulatur für zwei bis drei Sekunden und wird anschließend von einem Trainer in die Deposition gebracht, sodass ein spürbarer Dehnreiz vorhanden ist. Um in diese Dehnposition zu kommen, drückt der Trainer das Bein in gestrecktem Zustand langsam zur Brust. Dabei ist zu beachten, dass

			das Kniegelenk während der gesamten Zeit gestreckt bleibt und die Hüfte am Boden fixiert bleibt.
9.	Ischiocrurale Muskulatur, bestehend aus: M. biceps femoris, M. semitendinosus M. semimembranosus	Passiv – Dynamisch	Das Fitnessstudio bietet die Möglichkeit Kästen in jeweils 10cm Sprüngen übereinander zu stapeln. Der Kunde steht aufrecht und stellt die Ferse des Dehnbeins nach vorne auf einen Kasten. Dabei bleibt das Kniegelenk dauerhaft gestreckt. Durch leichtes nachvorne beugen des Oberkörpers kann der Kunde die Intensität des Dehnreizes beeinflussen. Seine Aufgabe während des Dehnens ist es dieses dynamisch auszuführen. Dies bedeutet für ihn durch leichtes vor- und zurücklehnen im Oberkörper die Bewegungsamplitude Stück für Stück zu vergrößern. Um die Last für den unteren Rücken, durch die Flexion im Rücken, zu verringern, stützt sich der Kunde seitlich ab. Zusätzlich hat der Kunde die Möglichkeit, durch Erhöhung der Kästen, sich progressiv im Laufe des Trainingsplans zu steigern.
10.	M. gastrocnemius M. soleus	Passiv - Statisch	Der Kunde steht aufrecht und stellt ein Bein gestreckt nach hinten. Dabei muss die gesamte Fußsohle am Boden aufgesetzt sein (beide Füße zeigen parallel nach vorne). Das vordere Bein ist im Kniegelenk leicht gebeugt und der Oberkörper leicht nach vorne gebeugt. Somit bildet der Oberkörper mit dem hinten stehenden Bein eine Linie. Der Körperschwerpunkt wird nach vorne verlagert, die Dorsalextension im hinteren Bein und somit auch der Dehnreiz vergrößert.

Tab. 4: Belastungsgefüge Beweglichkeitstraining

Trainingshäufigkeit pro Woche	3 x Woche
Sätze pro Übung	3 Sätze pro Seite
Dehndauer	45 Sekunden / 15 Wiederholungen (Dynamische Dehnung)
Intensität	Dehngrenze

3.1 Begründung der Trainingsplanung (Beweglichkeitstraining)

Der Trainingsplan wurde aufgrund des vorherigen Beweglichkeitstest erstellt. Die Beweglichkeitsdefizite im M. pectoralis major, M. Iliopsoas, Mm. Ischiocrurales waren der ausschlaggebende Punkt diese Partien durch jeweils zwei Übungen zu fokussieren. Die erste Übung für den M. pectoralis major wurde als aktiv-dynamische Variante ausgewählt. Dies hat den Grund, dass durch die aktive Kontraktion der antagonistischen Muskulatur somit diese Partie auch gekräftigt wird. Durch seine sitzende Tätigkeit hilft eine gestärkte Muskulatur im oberen Schulterbereich (M. trapezius) bei einer aufrechteren Körperhaltung und weniger Verspannungen in diesem Bereich. Die zweite Übung für den M. pectoralis major ist wurde als passiv-statische Übung ausgewählt, um sich so voll auf den Dehnreiz konzentrieren zu können. Durch eine gut gedehnte Brustmuskulatur fällt es dem Kunden leichter eine aufrechte Körperhaltung einzunehmen, um so nicht in eine Innenrotation im Schultergürtel zu verfallen. Zusätzlich wurde eine Übung für den M. trapezius pars descendens eingebaut, um die verspannte Nackenmuskulatur durch eine bessere Beweglichkeit zu entspannen. Durch seine sitzende Tätigkeit und Schwierigkeiten im LWS-Bereich wurde eine Übung für den M. erector spinae ausgewählt, um auch hier die Beweglichkeit und Verspannungen zu lösen. Um den Rücken noch weiter zu dehnen, wurde eine kleine Zusatz Anweisung gegeben, um so den M. latissimus dorsi direkt mitzudehnen. Der M. gluteus maximus ist durch die tägliche sitzende Arbeit wenig belastet und bewegt, weswegen sich explizit nochmals für eine Dehnübung der Gesäßmuskulatur entschieden wurde. Die beiden Übung für den M. illiopsoas wurden wegen der leichten bis schweren Beweglichkeitsdefizite ausgewählt (starke Belastung durch sitzende Tätigkeit) , um so einerseits gegen die einseitige Belastung durch das Golf spielen gegenzuarbeiten, andererseits um generell die Beweglichkeitsdefizite zu beheben. Bei der zweiten Übung wurde zusätzlich noch der M. quadriceps femoris gedehnt. Dies hat den Grund, dass dies leicht in die Übung zu integrieren war und den Vorteil hat, dass man präventiv gegen mögliche Defizite arbeitet. Ähnlich sieht es bei der ischiocruralen Muskulatur aus (bestehend aus M. biceps femoris, M. semitendinosus, M. semimembranosus). Diese ist durch wenig Bewegung eingeschränkt in der Beweglichkeit und kann auch eine Ursache für die Rückenstrecker im LWS-Bereich sein (Arab & Nourbakhsh, 2014; Radwan et al., 2015). Um alle wichtigen Gelenke einmal durchgedehnt zu haben, wird nochmal eine Übung für die Wadenmuskulatur (M. gastrocnemius ,M. soleus) in den Plan mit aufgenommen, um auch hier präventiv gegen mögliche Beweglichkeitsdefizite zu arbeiten.

Der Kunde führt diesen Plan dreimal wöchentlich, mit einem Personal Trainer, aus, da dies seine maximale verfügbare Zeit ist. Da es zurzeit wissenschaftliche Untersuchen gibt für Trainingshäufigkeit gibt und die Empfehlungen selten einheitlich ist, nutzt der Kunde seinen ganzen zeitlichen Verfügungszeitrahmen. Der Kunde kann jedoch mit 3 Trainingseinheiten pro Woche seine Beweglichkeit, als Beginner, verbessern (Rancour,Holmes & Cipriani, 2009). Auch bei der Satzzahl gibt es bisher noch keine einheitlichen Aussagen, jedoch geht die Wissenschaft von bis zu 4 Sätzen aus. Alles darüber scheint nicht notwendig zu sein. Die Dehndauer sollte bei statischer Dehnung bis zu 45 Sekunden lang sein. (Schönthaler & Ohlendorf, 2002) Die Dehndauer bei dynamischer Dehnung ist genauso wenig erforscht durch wissenschaftliche Studien. Es wird empfohlen aus trainingspraktischer Sicht die 45 Sekunden die dynamische Dehnung durchzuführen. Jedoch werden nur 15 Wiederholungen durchgeführt, wie Freiwald (2004) empfiehlt. Laut Glück (2005) ist nach zehn maximalen Dehnungen keine nennenswerte Steigerung mehr zu erkennen. Da der Kunde aber keine maximale Dehnung, sondern nur die Dehngrenze erreicht, werden 15 Wiederholungen ausgeführt. Da auch durchgehend ein Personal Trainer das Training kontrolliert kann die Komplexität der Methode vernachlässigt werden.

Es wurde sich für die Dehngrenze als Intensität entschieden (Schöhnthaler und Ohlendorf, 2002. Zwar wird die maximale Beweglichkeitsamplitude durch eine maximale Bewegungsreichweite (knapp unterhalb) erzielt, (Marschall, 1999) jedoch ist diese für den Kunden nicht zu empfehlen, da dieser eine solche Belastung nicht kennt und die Gefahr besteht, dass er diesen Plan mit einer solchen Belastung fortführen würde.

4 Trainingsplanung Koordinationstraining

In der folgenden Tabelle wird der Trainingsplan und das Belastungsgefüge das Koordinationstraining dargestellt. Nach jedem Satz ist die Seite, wenn möglich, zu wechseln.

Tab. 5: Trainingsplan Koordinationstraining

Nummer	Übung	Beschreibung
1.	Hüftbreiter Stand (Augen zu)	Der Kunde steht hüftbreit aufrecht. Dabei zeigen beide Füße parallel nach vorne. Beide Schultern führen eine 90° Anteversion aus und die Hände eine Supination. Der Kunde schließt seine Augen, spannt seine Gesäßmuskulatur und Bauchmuskulatur an und hält diese Position.
2.	Linienstand	Der Kunde steht aufrecht. Seinen linken Fuß stellt er vor den rechten Fuß, sodass diese eine Linie bilden. Beide Füße zeigen parallel nach vorne. Nun führt der Kunde wieder eine 90° Anteversion aus und die Hände eine Supination. Die Gesäß- und Bauchmuskulatur werden wieder angespannt und diese Position gehalten.
3.	Linienstand (Augen zu)	Der Kunde steht aufrecht. Seinen linken Fuß stellt er vor den rechten Fuß, sodass diese eine Linie bilden. Beide Füße zeigen parallel nach vorne. Nun führt der Kunde wieder eine 90° Anteversion in der Schulter aus und die Hände eine Supination. Nun werden die Augen geschlossen, um den Schwierigkeitsgrad zu erhöhen. Die Gesäß- und Bauchmuskulatur werden wieder angespannt und diese Position gehalten.
4.	Einbeinstand	Der Kunde steht aufrecht. Sein linkes Bein führt eine 90° Hüft- und Knieflexion aus, sodass er das Gleichgewicht im rechten Bein halten muss. Zusätzlich führt der Kunde wieder eine 90° Anteversion in der Schulter aus und die Hände eine Supination. Die Gesäß- und Bauchmuskulatur werden wieder angespannt und diese Position gehalten.
5.	Einbeinstand (Augen zu)	Der Kunde steht aufrecht. Sein linkes Bein führt eine 90° Hüft- und Knieflexion aus, sodass er das Gleichgewicht im rechten Bein halten muss. Zusätzlich führt der Kunde wieder eine 90° Anteversion in der Schulter aus und die Hände eine Supination. Nun werden die Augen geschlossen, um den Schwierigkeitsgrad zu erhöhen. Die Gesäß- und Bauchmuskulatur werden wieder angespannt und diese Position gehalten.
6.	Hüftbreiter Stand Airex-Kissen (Augen zu)	Der Kunde steht hüftbreit und aufrecht auf einem Airex-Kissen. Dabei zeigen beide Füße parallel nach vorne. Beide Schultern führen eine 90° Anteversion aus und die Hände eine Supination. Der Kunde schließt seine Augen, spannt seine Gesäßmuskulatur und Bauchmuskulatur an und hält diese Position.
7.	Einbeinstand Airex	Der Kunde steht aufrecht auf einem Airex-Kissen. Sein linkes Bein führt eine 90° Hüft- und Knieflexion aus, sodass er das Gleichgewicht im rechten

		Bein halten muss. Zusätzlich führt der Kunde wieder eine 90° Anteversion in der Schulter aus und die Hände eine Supination. Die Gesäß- und Bauchmuskulatur werden wieder angespannt und diese Position gehalten.
8.	Einbeinstand Airex (Augen zu)	Der Kunde steht aufrecht auf einem Airex-Kissen. Sein linkes Bein führt eine 90° Hüft- und Knieflexion aus, sodass er das Gleichgewicht im rechten Bein halten muss. Zusätzlich führt der Kunde wieder eine 90° Anteversion in der Schulter aus und die Hände eine Supination. Nun werden die Augen geschlossen, um den Schwierigkeitsgrad zu erhöhen. Die Gesäß- und Bauchmuskulatur werden wieder angespannt und diese Position gehalten.
9.	Einbeinstand Airex mit Standwaage	Der Kunde steht aufrecht auf einem Airex-Kissen. Sein linkes Bein führt eine 90° Hüft- und Knieflexion aus, sodass er das Gleichgewicht im rechten Bein halten muss. Zusätzlich führt der Kunde wieder eine 90° Anteversion in der Schulter aus und die Hände eine Supination. Nun lehnt sich der Kunde mit dem Oberkörper nach vorne, beide gestreckten Arme parallel zum Boden. Das linke Bein wird nach hinten ausgestreckt, sodass dies auch parallel zum Boden liegt. Nach einer zwei sekündigen Haltephase, kehrt der Kunde wieder in die Ausgangsposition zurück.
10.	Einbeinstand Airex mit Standwaage + Ball fangen und werfen	Der Kunde steht aufrecht auf einem Airex-Kissen. Sein linkes Bein führt eine 90° Hüft- und Knieflexion aus, sodass er das Gleichgewicht im rechten Bein halten muss. Zusätzlich führt der Kunde wieder eine 90° Anteversion in der Schulter aus und die Hände eine Supination. Dem Kunden wird von einem Trainer ein 2kg schwerer Ball zugeworfen, welchen er fangen muss. Nun lehnt sich der Kunde mit dem Oberkörper nach vorne, beide gestreckten Arme (inkl. Ball) parallel zum Boden. Das linke Bein wird nach hinten ausgestreckt, sodass dies auch parallel zum Boden liegt. Nach einer zwei sekündigen Haltephase, kehrt der Kunde wieder in die Ausgangsposition zurück. Dort muss er den Ball zurück zum Trainer werfen.

Tab. 6: Belastungsgefüge Koordinationstraining

Trainingshäufigkeit pro Woche	3 x Woche
Sätze pro Übung	2
Satzpausen	60 Sekunden
Belastungsdauer	Statisch: 30 Sekunden Dynamisch: 10 Wiederholungen

4.1 Begründung der Trainingsplanung (Koordinationstraining)

Der Trainingsplan wurde so aufgebaut, dass Progression der Belastung im propriozeptiven Training erfolgt (Chwilkowski, 2006, S.56-58). Es wurde sich an das Prinzip von leicht zu schwer gehalten. Deswegen wurde mit einem einfachen Hüftbreitem Stand mit geschlossenen Augen gestartet. So wurden erste Erfolgserlebnisse gesammelt und die

Motivation des Kunden erhöht. Zusätzlich wurde mit einer statischen Stabilisationsübung gestartet und erst später zu dynamischen Übungen gewechselt (Chwilkowski, 2006, 60ff.; Häfelinger & Schuba, 2007, S.61). Die Trainingsplanung wurde so erstellt, dass die letzte Übung der Ausgangspunkt für den Trainingsplan war. Es wurde jede Komponente (Einbeinstand/Airex-Kissen/Veränderter Körperschwerpunkt) der letzten Übung auseinandergenommen, um so jede Komponente mit in die Übung zu integrieren. So wurde mit der Linienstand integriert, um den veränderten Körperschwerpunkt zu trainieren. Die geschlossenen Augen wurden integriert, damit der Kunde sich keinen festen Fixpunkt suchen kann. Dies kann er bei der dynamischen Standwaage auch nicht tun und hat somit schon Erfahrung, die Balance auch ohne Fixpunkt zu halten. Der Einbeinstand war die erste Übung, um sich auf die Balance für die Standwaage vorzubereiten. Auch hier wurden die Augen geschlossen, um keinen Fixpunkt zu haben, Außerdem sollte ein Training ohne visuelle Kontrolle nicht vernachlässigt werden (Chwilkowski, 2006, 60ff.; Häfelinger & Schuba, 2007, S.61). Um sich an das Airex-Kissen
zu gewöhnen wird die erste Übung statisch wiederholt, um so Sicherheit mit diesem Gerät zu gewinnen. Zusätzlich werden durch die provozierte Instababilität die Rezepzoren noch mehr beansprucht und die Stabilisationssynergien der einzelnen Muskeln verbessert. Durch die gewonnene Sicherheit kann sich der Kunde an die instabile Unterlage im Einbeinstand und anschließend im Einbeinstand mit geschlossenen Augen gewöhnen. Als Vorletzte wurde die Standwaage auf dem Airex-Kissen gewählt, da dort dynamisch gearbeitet wird und dies zu einer der Methoden eines propriozeptiven Trainings gehört (Chwilkowski, 2006, 60ff.; Häfelinger & Schuba, 2007, S.61). Durch die Hinzunahme des Balls muss sich der Kunde zusätzlich auf einen externen Einflussfaktoren gewöhnen und reagieren. Außerdem ist der Spaßfaktor auch ein Thema, da diese eine Interaktion mit dem Trainer die Kundenbindung nochmals erhöht.
Das Belastungsgefüge wurde so gewählt, dass der Kunde alle Vorgaben (mindest-/maximal Belastung), erfüllt (Chwilkowski, 2006, 60ff.; Häfelinger & Schuba, 2007, S.61).
So dauert das Koordinationstraining ca. 35 Minuten (Vorgabe: 10-45 Minuten), mit einer Belastungszeit von 30 Sekunden/10 Wiederholungen (Vorgabe: 5-60 Sekunden/5-30 Wiederholungen, 2 Sätzen pro Übung (Vorgabe: max. 5) und einer Pausendauer von 60 Sekunden (Vorgabe: min. 45 Sekunden). Das Belastungsgefüge ist auf den Kunden abgestimmt, um diesen nicht zu überfordern am Anfang. Deshalb wurde die Haltedauer erstmal im mittleren Bereich angesetzt, genauso wie das Herabsetzen der Sätze auf zwei und eine etwas längere Pausenzeit von 60 Sekunden. Der Kunde ist zwar koordinativ, durch das golfen, geübt, jedoch mehr in der Hand-Augen-Koordination, als im Gleichgewicht.

5   Literaturrecherche

In den folgenden zwei Tabellen werden Studien zum Thema, Effekte des Dehnens aud die Bewegungsreichweite bzw. auf die Dehnungsspannung" dargestellt.

Tab. 7: Studie 1

Autor	F. Marschall
Erscheinungsjahr	1999
Forschungsfrage	Welchen Einfluss haben unterschiedlich lange Dehnbelastungen auf die maximale Bewegungsreichweite?

	Zusätzlich: Wie verändert sich der Gelenkwinkelbereich bei wiederholter Dehnung=
Versuchspersonen	In dieser Studie nahmen 21 Probanden teil, welche sich aus zwölf männlichen und neun weiblichen Teilnehmern zusammensetzen. Durchschnittlich lag das Alter bei 24,8 Jahren, Körpergröße bei 1,72m und das Gewicht bei 66kg.
Versuchsaufbau	Der Versuch wurde mit einer Eingewöhnungswoche gestartet, wodurch sich die Probanden bestmöglich an die kommende Belastung gewöhnen können. Die Probanden wurden zufällig in zwei Testgruppen eingeteilt. Beide Gruppen werden ein Dehntraining für die Ischiocrurale Muskulatur absolvieren. Die erste Testgruppe führt ein „weiches Dehntraining" aus, wohingegen Gruppe zwei ein „maximales Dehntraining" absolviert. Vor Testbeginn wurde ein Aufwärmprogramm durchlaufen, welches auf die Fahrradergometer ausgeführt wurde (Belastung: 1,5 Watt * Kilogramm Körpergewicht). Nach dem spezifischen Aufwärmen er Ischiocruralen Muskulatur wurde ein Vortest der maximalen Dehnfähigkeit erhoben. Die Testung startet in der Neutral 0° Stellung im Hüftgelenk und wird bis zur gruppenspezifischen Dehngrenze ausgeführt. Alle Probanden bewältigten 15 Wiederholungen ohne Pause. Nach diesen Wiederholungen wurde die maximale Dehnfähigkeit nochmals erhoben.
Ergebnisse	Die Studie stellt heraus, dass die maximale Bewegungsreichweite kurzfristig durch sowohl „weiches Dehnen", als auch „maximales Dehntraining" verbessert werden kann. Dabei konnte die maximale Bewegungsreichweite bis zu über 8° verbessert werden (8! Bei maximaler Belastung). Die Dehnschwelle hingegen verbesserte bzw. veränderte sich nicht im Gelenkwinkel.
Schlussfolgerung	Die Bewegungsreichweite kann durchaus durch ein submaximales Dehntraining, als auch durch ein maximales Dehntraining signifikant verbessert werden. Die maximale Dehnintensität wirkt sich zwar besser auf die maximale Bewegungsreichweite aus, als die submaximale Intensität, jedoch kann man daraus schließen, dass

	beide Dehnintensitäten einen Einfluss die maximale Dehnfähigkeit haben.

Tab. 8: Studie 2

Autor	S. Glück, M. Schwarz, U. Hoffmann, G. Wydra
Erscheinungsjahr	2002
Forschungsfrage	Welchen Einfluss haben direkte-, indirekte Eigendehnung & indirekte Fremddehnung auf die maximale Bewegungsreichweite, Zugkraft & Muskelaktivität?
Versuchspersonen	In dieser Studie nehmen 27 Probanden (Sportstudenten) teil, welche sich aus 16 männlichen und 11 weiblichen Teilnehmern zusammensetzen. Durchschnittlich liegt das Alter bei 24,8 Jahren, Körpergröße bei 1,75m und das Gewicht bei 67kg. Ausgeschlossen sind Probanden, welche eine Sportart ausüben, die eine überdurchschnittlich hohe Beweglichkeitsanteile benötigen (z.B. Turnen, Akrobatik, Rhythmische Sportgymnastik).
Versuchsaufbau	Die Probanden werden zufällig in drei Testgruppen eingeteilt. Alle Gruppen werden ein Dehntraining für die Ischiocrurale Muskulatur absolvieren. Die Studie verläuft insgesamt über fünf Wochen. Die erste Woche wurde als Gewöhnungswoche genutzt (3xWoche). Die Probanden haben sich mit allen drei Dehnformen (+maximale Dehnfähigkeit) vertraut gemacht. Woche zwei ist eine Regenerationswoche, in der die Teilnehmer eine Pause einlegen. Nach dieser Pause starten die drei Testwochen. Während dieser Phase absolvieren die Probanden eine Testung pro Woche. Einen Tag vor Testung darf jedoch keine hohe körperliche Belastung stattfinden, ebenso wenig wie ein zusätzliches Dehnprogramm außerhalb der Testung. Jede Testgruppe führt eine direkte, indirekte Selbstdehnung und eine indirekte Fremddehnung durch Die direkte Selbstdehnung steuert der Proband selbst über einen Seilzug. Die indirekte Selbstdehnung übt der Proband über die Steuerung eines Motors aus. Dieser Motor wird bei der indirekten Fremddehnung von einem Testleiter durchgeführt und wird über Zurufe des Probanden geleitet.

	Zuallererst führt der Teilnehmer ein spezifisches Aufwärmprogramm auf dem Fahrradergometer durch (Belastung: 1,5 Watt * Kilogramm Körpergewicht). Nach dieser Aufwärmphase wird der Proband an der Apparatur fixiert. Dieser wird anschließend mit 15 Wiederholungen an die maximale Dehngrenze gebracht. Aus diesen 15 Werten wurde nun ein Mittelwert berechnet.
Ergebnisse	Die Studie zeigt, dass die maximale Bewegungsreichte bei allen drei Dehnungsformen verbessert wurde. Die Unterschiede sind jedoch zwischen direkter und indirekter Eigendehnung signifikant, ähnlich wie zwischen direkter Eigendehnung und indirekter Fremddehnung.
Schlussfolgerung	Zusammenfassend ist zu erkennen, dass jede Dehnmethode einen Einfluss auf due maximale Bewegungsreichweite hat. Am sinnvollsten wäre aber jedoch die direkte Eigendehnung.

6   Literaturverzeichnis

Janda, V. (2000). *Manuelle Muskelfunktionsdiagnostik* (4. Aufl.). München: Urban & Fischer.

(Arab & Nourbakhsh, 2014; Radwan et al., 2015)

Rancour, J., Holmes, C. F. & Cipriani, D. J. (2009). The effects of intermittent stretching following a 4-week static stretching protocol: a randomized trial. *Journal of strength and conditioning research / National Strength & Conditioning Association, 23* (8), 2217–2222.

Freiwald, J. (2004). *Dehnen – Legenden, Fakten. Vortrag,* Waldenburg.

Schönthaler, S. R. & Ohlendorf, K. (2002). *Biomechanische und neurophysiologische Veränderungen nach ein- und mehrfach seriellem passiv-statischem Beweglichkeits- training* (Wissenschaftliche Berichte und Materialien / Bundesinstitut für Sportwis- senschaft, 1. Aufl.). Köln: Sport und Buch Strauß.

Chwilkowski, C. (2006). *Medizinisches Koordinationstraining – Verbesserung der Haltungs- und Bewegungskoordination durch Propriozeption* (2. Aufl.). Köln: Deutscher Trainer Verlag.

Glück, S. (2005). *Beeinflussung der Beweglichkeit durch unterschiedliche physische und psychische Einwirkungen.* Dissertation. Universität des Saarlandes, Saarbrücken.

Häfelinger, U. & Schuba, V. (2007). *Koordinationstherapie - propriozeptives Training* (Wo Sport Spaß macht, 3., überarb. Aufl). Aachen: Meyer & Meyer.